Y 5492
M p⁰

(Par Meutonnet-Clairfons)

LETTRE
A M. CLÉMENT,

DANS LAQUELLE ON EXAMINE

SON ÉPITRE DE BOILEAU

A M. DE VOLTAIRE,

Par un Homme impartial.

Je veux dans la Satyre un esprit de candeur.
(*Art. Poët. de Boil.*)

A GENEVE;

Et *se trouve*, A PARIS,

Chez VALADE, Libraire, rue Saint-Jacques, vis-à-vis
la rue de la Parcheminerie.

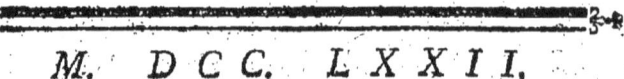

M. DCC. LXXII.

AVERTISSEMENT.

Celui qui a la hardiesse de faire parler les Grands Hommes, & de les introduire sur la scène après leur mort, doit être nécessairement bien sûr de lui-même, & se croire sur-tout en état de prendre leur esprit, leur maniere & leur ton. Quand on ne peut atteindre au génie, à la sublimité d'un Auteur célébre, il ne faut pas se charger de lui faire jouer un mauvais rôle, indigne de la haute réputation qu'il s'est acquise par des Ouvrages excellens. Si M. Clément eût été bien pénétré de ces vérités, il n'auroit pas entrepris de réveiller les mânes de Boileau, pour lui prêter une *Épître* dans laquelle on méconnoît à chaque vers un Poëte qui écrivoit avec tant de correction, de pureté, de sens & de raison. L'*Épître* de Boileau à M. de Voltaire n'annonce aucun talent pour la vraie poësie ; tout est travaillé, guindé, gêné : on s'apperçoit que l'Auteur laborieux fait de continuels efforts, & qu'il enfante ses vers avec peine, avec difficulté.

C'est envain qu'au Parnasse un téméraire Auteur,
Pense de l'art des vers atteindre la hauteur :
S'il ne sent point du Ciel l'influence secrete,
Si son astre en naissant ne l'a formé Poëte,
Dans son génie étroit il est toujours captif;
Pour lui Phébus est sourd, & Pégase est rétif.

Cette *Épître* est encore plus condamnable par la maniere outrageante dont l'Auteur parle en général de différens Auteurs, & en particulier de l'Académie Françoise. Il invective continuellement sur le même ton. Il est aisé de s'appercevoir qu'il n'a entrepris cette *Épître* calomnieuse que pour avoir lieu, non de critiquer sans aigreur les Ouvrages, mais de distiller malignement tout son venin sur les Auteurs. Quel étrange abus de la critique !

LETTRE
A M. CLÉMENT,

DANS LAQUELLE ON EXAMINE

SON ÉPITRE DE BOILEAU

A M. DE VOLTAIRE,

PAR UN HOMME IMPARTIAL.

Et si non aliquà nocuisses, mortuus esse.
(*Virgil.*)

Toutes les personnes de goût, Monsieur, ont été révoltées à la lecture de votre *Épître* de Boileau à M. de Voltaire; elles ont été indignées de votre avertissement qui est écrit d'un style dur, barbare, trivial & rempant. Vous y insultez mal-à-propos tous ceux qui font leurs plus chéres délices des Ouvrages de Boileau, de Racine, & de tous les Écrivains sublimes qui ont illustré le siécle dernier, si fécond en merveilles. Ils ne sont nullement *pusillanimes, & sans courage, & oseroient se présenter en lice*; mais avec des armes moins empoisonnées que les vôtres. Ils ne veulent faire ni les rodomonts, ni les paladins : ils vous laissent le ton de fanfaron, & ne veulent se servir que du langage honnête & décent qui convient si bien à des gens de lettres. En effet, étoit-il nécessaire de répandre à grands flots le fiel & l'amertume, pour venger les mânes de Boileau. Il falloit laisser tomber dans l'oubli toutes *les pasquinades dont on ose barbouiller son tombeau*. Les ouvrages du chantre harmonieux du *lutrin* le défendent beaucoup mieux que des vers secs, maigres, décharnés, entortillés, martellés, durs, raboteux & rocailleux. Puisque vous vouliez venger ce fameux satyrique, il falloit le faire sans malignité, avec un style pur, correct, facile & poli, & sur-tout imiter la cadance, l'harmonie, & la facilité de ce Poëte.

Je vais entrer avec vous dans le détail, & vous prouver que votre *Épître* chérie est très-mal écrite, qu'elle annonce l'aigreur & la malignité d'un censeur amer & injuste, & que vous n'aviez pas sous les yeux ce vers latin qui devroit être écrit en gros caractères sur le bureau de tous les critiques :

Parcere perfonis, dicere de vitiis.

Quelques personnes se sont imaginées que vous aviez bien du courage pour parler aussi librement : pour moi qui vous juge sans partialité, j'appelle le courage dont vous êtes tout enorgueilli, impudence, injustice & folie. En effet, vous aviez débuté dans la carriere littéraire par des sarcasmes, des critiques outrées & malignes, ensorte que l'on vous craint, l'on vous hait, l'on vous déteste. (Tant de fiel entre-t-il dans l'ame des dévots !) (1).

Commençons, Monsieur, par votre Épigraphe. Vous vous êtes sans doute beaucoup applaudi de l'avoir trouvée : cependant elle an-

---

(1) Pour moi je n'ai pas le fol orgueil de M. Clément, qui débite par-tout avec emphase qu'il ne prétend point au fauteuil de l'Académie Françoise. Tout homme de lettres doit être intérieurement flatté d'entrer dans une compagnie dont les membres sont distingués par leurs talens, & souvent même par leur naissance illustre. J'avoue naivement que j'ai la foiblesse, & la petitesse de désirer bien sincérement d'être quelque jour le confrére de M. D. V. quand ce ne seroit que pour le convertir. M. Clément me le pardonnera sans doute, en faveur d'un motif aussi louable. Enfin, comme l'a très-bien dit un homme de mérite, *le fauteuil de l'Académie est le tabouret des beaux esprits.*

nonce dans quel esprit vous avez entrepris votre *Épître* : elle annonce que vous l'avez composée avec fureur, avec rage, avec emportement : car est-il probable que vous n'ayez pas lu les vers qui précédent, & qui suivent cette Épigraphe, que je remets ici sous vos yeux. (*Exoriare aliquis nostris ex ossibus ultor*) (1). Assurément vous n'avez pas pris ce vers au hazard, & les yeux fermés. Virgile le met dans la bouche d'une Reine furieuse, & qui vomit mille imprécations contre le perfide qui a la cruauté & la barbarie de l'abandonner : elle désire qu'il naisse de sa cendre un vengeur implacable, qui poursuive par le fer & le feu la race de Dardanus. Rien n'est plus juste que cette fureur, que ces souhaits de la malheureuse Didon. Mais vous, Monsieur, deviez-vous défendre Boileau dans le même esprit, & débiter des horreurs, des infamies sur M. de Vol-

---

(1) Une chose bien singuliere, c'est que cette merveilleuse Épigraphe devient réellement absurde & contradictoire à la tête de l'Épître, dont nous relevons les fautes. Boileau est supposé écrire lui-même à M. de Voltaire ; ce n'est donc point un vengeur *né de sa cendre satyrique*. Quelle bevue !

Puisque M. Clément avoit envie de faire parler un *Revenant*, pour me servir de ses expressions nobles & choisies, il auroit dû prendre pour Épigraphe ces mots plus analogues : SUNT ALIQUI MANES.

taire

taire, & sur plusieurs autres gens de lettres. Je n'entreprends point ici l'apologie de M. D. V. ni de ses ouvrages. Je conviendrai même avec vous qu'on pourroit lui faire plusieurs reproches : mais vous êtes toujours très-condamnable de mettre dans votre *Épître* de la personnalité, de décrier & de diffamer l'Auteur, lorsque vous ne deviez que critiquer ses ouvrages. Il étoit donc inutile d'écrire un libelle diffamatoire : encore une fois, des injures ne sont pas des raisons. Votre procédé est inique, & vous êtes inconséquent.

Les deux premiers vers de votre *Épître* sont détestables : ce n'est en effet qu'une mauvaise parodie de ceux de M. D. V. ils renferment de plus de la personnalité ; les voici :

> Voltaire, Auteur brillant, léger, frivole & vain ;
> Zoïle de Corneille, & flatteur de S. * * *.

Pourquoi placer ici M. S. * * *. est-ce pour la rime ? en ce cas vous êtes bien peu fécond. J'aime encore mieux le croire pour votre honneur, car tout autre motif seroit affreux.

Les six vers suivans ne sont pas mieux tournés : l'on est tout surpris de voir un censeur si rigide & si sévére, manquer aux premieres regles de la poésie. Un écolier sait en général qu'il faut éloigner le retour des rimes qui ont quelque consonnance : cependant si l'on a le courage de relire les six premiers vers, on reconnoîtra que les quatre rimes masculines sont les mêmes pour le son. *Vain, S.***. déclin, malin.*

Les quatre vers suivans sont remarquables, en ce qu'ils peuvent s'appliquer à la maniere dont est écrite votre *Épître.* Je ne changerai que quelques mots dans le dernier vers, & ils pourront alors servir d'Épigraphe à cette même *Épître.*

A quoi bon, d'un esprit si faible en son déclin
Sur un ton familier, moins plaisant que malin ;
En des vers dépourvus de cadence & de nombre
Venir *calomnier, pour défendre* mon ombre.

Ne trouvez-vous pas cette Épigraphe préférable à celle que vous avez choisie ?

Dans le louvre surpris insultent ma mémoire.

Qui prouve trop ne prouve rien : ce vers annonce de la mauvaise foi. Un ou deux Académiciens ne forment pas toute l'Académie Françoise. Avez-vous oublié, Monsieur, que l'abbé le Batteux a donné depuis peu *les quatre poétiques.* Celle de Boileau est du nombre : c'est donc une preuve convaincante que des Académiciens de l'Académie Françoise font beaucoup de cas des ouvrages de ce Poëte, & qu'ils le regardent comme un modéle de bon goût. Je pourrois vous nommer un grand nombre d'Académiciens qui font les admirateurs sincéres de Despréaux, & qui lisent ses écrits avec plaisir.

<blockquote>Tous prêts à me damner, s'ils pouvoient croire en Dieu.</blockquote>

Comment, Monsieur, avez-vous eu l'imprudence de faire imprimer ce vers horrible? c'est une calomnie atroce. L'Académie compte parmi ses membres plusieurs prélats recommandables par leur piété & par leur religion. Sans avoir scruté le coeur de chaque Académicien, je puis avancer sans crainte d'être démenti par aucun d'eux, qu'ils croient tous en Dieu. Quand un petit nombre par hazard auroit des sentimens à part, il ne seroit pas moins injuste de les appeller tous athées. Je vais plus loin, & je soutiens qu'il n'y en a pas un seul qui puisse être soupçonné raisonnablement d'athéisme. Quel est donc votre motif? quel est votre but, en voulant flétrir l'Académie entiere? Quelle idée voulez-vous que le public ait de votre esprit & de votre coeur, lorsque vous écrivez légérement, & de sang froid de pareilles atrocités?

<blockquote>Et d'aise se pâmer, lorsque du même ton,
Tu viens à bafouer Jésus-Christ ou F. ***.</blockquote>

Y penſez-vous, Monſieur ? quoi vous confondez enſemble dans le même vers, & Jéſus-Chriſt, & F. ***. quel mélange ! quelle aggrégation ! On eſt ſcandaliſé avec raiſon de ce dernier vers : vous faites parler Boileau avec bien de l'irréverance. D'ailleurs êtes-vous bien ſûr que ce dernier ſe fût ſervi du mot *bafouer* dans une ſemblable circonſtance ? Pour moi je n'en crois rien : je ſuis on ne peut pas plus incrédule.

> Eh bien donc, raiſonnons : car toujours badiner,
> Turlupiner, railler, ſans jamais raiſonner,
> C'eſt imiter le ſinge, & payer en gambade......

Jamais le judicieux, le correct, l'harmonieux Boileau n'eût fait d'auſſi méchans vers ; il auroit ſur-tout évité ſoigneuſement un ſtyle auſſi bas, auſſi plat, auſſi comique.

> Le ſiflet à la main, je le pourſuis ſans ceſſe.
> Le bouffon démaſqué par moi vit ſa baſſeſſe.

Ces deux vers, Monſieur, prouvent que vous n'avez pas d'oreille. J'en appelle à tous ceux qui ſavent lire & prononcer. On ne rime pas pour les yeux, mais pour les oreilles délicates. Je vous renvoie à Boileau que vous aimez avec raiſon, & que vous auriez dû tâcher d'imiter davantage.

> Et, non moins ennemi d'un style trop *hautain*
> De sa fausse grandeur je fis tomber Lucain.

Croyez-vous, Monsieur, que l'épithete de *hautain* soit bien merveilleuse ? j'avois ignoré jusqu'à cet instant, qu'on pût dire un style *hautain*.

> Je dégoûtai Quinault d'affadir Melpomène :
> Et ses vers doucereux, à l'Opéra vantés,
> Ne pouvant être lus, du moins furent chantés.

Je vous plains bien sincérement, Monsieur, puisque vous êtes sourd & apathique, & que vous n'avez pas assez de sensibilité pour goûter les Opéra de Quinault (1). Quelle douceur délicieuse ! quelle harmonie divine ! quelle mollesse inimitable ! quelle aisance ! quelle facilité dans les poëmes de ce charmant Auteur ! On les entend chanter avec enthousiasme, avec transport : on les lit, on les savoure avec le plus grand plaisir. Mais à quoi bon peindre l'émail brillant des fleurs devant un aveugle de naissance. Si votre *Épître* n'avoit pas été imprimée dans l'ombre & dans les ténébres ; je

---

(1) Lorsque Boileau critiquoit le tendre Quinault, ce dernier n'avoit pas encore composé son chef-d'œuvre, Armide, cette Piéce immortelle ; M. Clément, a-t-il daigné lire cet Opéra ?

vous ferois remarquer que vous avez eſtropié le nom de Quinault, de Béliſaire, &c.

Pour mes maîtres enfin, ma voix criant vengeance.

Une *voix qui crie vengeance pour ſes maîtres :* je n'aime pas trop cette tournure, & ces expreſſions. Réfléchiſſez-y un peu : je vous prends vous-même pour juge dans votre propre cauſe.

Au naïf enjouement je bornai la ſatyre.

Pourquoi n'avez-vous pas ſuivi ce précepte ? il eût été ſi beau de combattre, & de terraſſer ſon adverſaire par de bonnes raiſons, & en plaiſantant, ſans éguiſer cruellement contre lui le poignard de la malignité & de la calomnie. Votre condamnation ſe trouve à la pag. 8 de votre *Épître* : la voici :

M'a-t-on vu tranſporté de la rage de nuire,
De la haine empruntant le coupable pinceau,
Des mœurs de l'Écrivain faire un affreux tableau ?
Ma plume, ramaſſant l'infamie & l'ordure,
A-t-elle fait ſur lui, couler la ſale injure ?
Du Poëte ennuyeux cenſurant le travers,
J'épargnai ſon honneur, & je ſiflai ſes vers.

Pouvez-vous vous reconnoître à ce tableau ? Avez-vous ſuivi ce que vous faites dire ici à Boileau ? Comment avez-vous pu écrire ces vers, ayant l'intention de ne pas vous y conformer? Votre inconféquence eft fingulière.

<blockquote>
Ce trifte Auteur *pourtant*, dans fes triftes *faifons*,
Nous fait tranfir de froid, même aux jours des moiffons;
Et contre la critique armé d'étrange forte,
Pour défendre fes vers, il obtiendra main-forte.
</blockquote>

Je fai que vous avez lieu d'être mécontent de M. de Saint L.***. mais il feroit plus noble & plus généreux d'oublier fa conduite vis-à-vis de vous. C'eft par de bons procédés qu'il faut vaincre fes ennemis. La vengeance quelque jufte qu'elle foit, eft toujours odieufe. De plus un ouvrage peut être froid & ennuyeux, & l'Auteur très-gai & très-aimable.

<blockquote>
La H.***. à te louer non moins ingénieux
. . . .
Se promet bien, dans peu, d'être ton légataire.
</blockquote>

A quoi bon prêter à M. de la H.***. des motifs d'intérêt: d'ailleurs on ne fait pas trop pourquoi vous faites une fortie fur plufieurs autres Auteurs, lorfqu'il ne s'agit que de M. D. V. C'eft vraifemblablement pour le feul plaifir de leur donner quelque épithete honnête. M. de la H.***, entre nous, n'auroit-il pas fait la critique de vos *obfervations*, *fur la nouvelle tra-*

duction des Géorgiques, &c. Vous en avez encore un peu de rancune. Ne vous ai-je pas deviné ?

Car toujours M. * * *, d'un goût sublime & sain
A préféré Voltaire à tout ; même à Lucain.

Monsieur M. * * * est reconnoissant : rien n'est plus louable. Rien n'est encore plus simple & plus naturel, que de faire l'éloge d'un Auteur que l'on traduit : mais dans le fond, on ne le préfére pas à tous les autres ; d'ailleurs cette préférence ne prouveroit rien à la rigueur contre M. M* * *. Corneille préféroit Lucain à Virgile, & cependant il n'en est pas moins notre plus sublime Poëte tragique.

Par toi le mauvais goût, voit sa secte affermie
Menaçant d'envahir toute l'Académie.

Monsieur, voilà de l'éxageration : vous outrez tout. Rappellez-vous donc ce beau vers de Boileau.

Rien n'est beau que le vrai, le vrai seul est aimable.

Si vous vouliez, Monsieur, prendre la peine de lire la liste des Académiciens, vous verriez que la plûpart de nos meilleurs Ecrivains sont du nombre. Je déteste vos lieux communs, vos charges, vos caricatures. Tout cela annonce un misantrope malin & atrabilaire, qui s'aigrit
du

du succès de ses contemporains. Vous êtes jeune encore, vous pouvez vous corriger, affoiblir & diminuer le penchant que vous avez pour la mordante satyre, & faire un meilleur usage de vos talens. Il ne convient pas d'être si caustique, si tranchant, si décidé, sur-tout lorsque l'on n'a aucun titre aux yeux du public éclairé. Vous n'avez donné que des *observations critiques*, qui annoncent à la vérité quelques talens, mais encore plus de malignité & d'âcreté. Calmez un peu votre bile; lisez sans partialité les ouvrages modernes, & critiquez-les de même, & alors vous mériterez nos éloges.

Tu laisses d'A. *** raisonnant de travers,
Aux loix de son compas soumettre l'art des vers.

Monsieur d'A. *** est sans contredit un des plus Grands Hommes de l'Europe : on peut ne pas se connoître parfaitement en poésie, & avoir des talens sublimes.

J'ignore absolument si vous avez quelque sujet de haine contre Messieurs T. ***. D. ***, de B. ***. Vous êtes vraiment furieux; vous vous élancez sur tous les Auteurs pour les déchirer. Vous auriez dû faire imprimer les noms en toutes lettres : on n'a pas même le mérite de deviner. La premiere lettre dit tout.

C.

On te verra brûler ton encens pour D. ***,
Dont le vers *sec & froid* vient nous montrer Virgile,
De tout son *or antique*, avec soin dépouillé,
Et de *clinquant françois* galamment habillé (1).

Cette nouvelle sortie sur M. Delile est absolument impardonnable. Il a eu le bon esprit d'aller chez vous, de vous embrasser, & de vous remercier de la critique que vous aviez faite de sa traduction. Il vous avoit même promis qu'il en profiteroit dans une nouvelle édition. Comment un procédé aussi rare, aussi honnête ne vous a-t-il point fait tomber la plume des mains ? Je ne puis vous exprimer combien ces quatre vers ont soulevé les honnêtes gens. On ne peut comprendre votre conduite. La haine & l'acharnement qui vous excitent contre cet Auteur, que l'on auroit dû encourager dans une entreprise aussi longue & aussi difficile, sont encore un problême. Il est faux que les vers de M. Delile soient *froids & secs*; en général il

---

(1) De l'*or antique*, du *clinquant françois* : antithèse dérobée à Boileau, ainsi que la plûpart des hémistiches des vers les mieux tournés de la même *Épitre* à M. de Voltaire, comme il est aisé de s'en convaincre. De plus, il y a quelque chose de faux dans ces vers ; car si ceux de M. Delile sont *galamment habillés* de *clinquant françois*, ils doivent être brillans, éblouissans, & dès-lors ils ne sont ni *froids*, ni *secs*. M. Clément daignera sans doute expliquer toutes ces petites contradictions.

verſifie très-bien. Il y a dans ſa traduction des morceaux parfaitement frappés, pleins de vie & de chaleur; & il étoit peut-être impoſſible de faire mieux. Vous êtes injuſte, & en même-tems ingrat: je vais à ce ſujet vous rappeller une anecdote que vous ne pourrez nier. Vous en avez fait part vous-même à la perſonne de qui je la tiens. M. l'Abbé de la B.*** vous ayant dit qu'il étoit ſurpris & fâché que vous euſſiez fait ces quatre vers contre M. Delile: vous lui répondîtes que ce dernier avoit compoſé un ouvrage contre vous: l'Abbé ſans vous en laiſſer dire davantage vous a répliqué ſur le champ: *mais a-t-il fait imprimer cet Ouvrage? Non, il eſt décidé à n'en point faire uſage:* ce ſont vos propres paroles. L'Abbé vous a réparti alors: *Monſieur, il falloit en faire autant, & ſuivre un auſſi bel exemple.* Vous avez été fort embarraſſé à cette réponſe, & vous n'avez apporté que de très-mauvaiſes raiſons pour vous excuſer: en effet, il étoit impoſſible d'en trouver de bonnes.

Vous rempliſſez enſuite cinq pages entieres d'épithètes odieuſes, de froides railleries, de déclamations triviales. C'eſt une longue & ennuyeuſe diatribe, écrite avec le fiel le plus mordant de l'envie, de la médiſance, & de la jalouſie.

Tout beau (me diras-tu) va, ce seroit en vain
Que tu voudrois *railler de ce livre divin*.

Ces deux vers sont insipides & louches; le bon goût rejette cette expression, *railler de quelque chose*. Quand on s'annonce pour un censeur sévère des ouvrages d'autrui, il faut éviter soi-même, non-seulement les fautes palpables, mais encore les taches les plus légéres. C'est par la même raison que je vous prie, Monsieur, de m'expliquer les deux vers suivans: ils sont si embrouillés, si énigmatiques, que je ne les entends ni ne les comprends. Vous parlez de l'encyclopédie :

C'est-là le grand dépôt de lumière profonde,
Dont la Philosophie éclaire enfin le monde.

Qu'est-ce que de la *lumière profonde, dont la Philosophie éclaire le monde*? ou si vous l'aimez mieux, qu'est-ce que *le grand dépôt de lumière dont la Philosophie*.... Je ne puis achever : voilà sans contredit du galimathias double : je ne vous entends nullement, & à coup sûr vous ne vous entendez pas vous-même. Quelle obscurité mystérieuse! si c'est à dessein, vous avez réussi merveilleusement. Boileau cependant écrivoit avec clarté, avec précision; il étoit l'ennemi du style embarrassé, obscur & emphatique. Que ne l'imitez-vous, au lieu de le faire parler d'une si étrange maniere. Si ce Poëte a encore quelque sentiment, il doit être furieux contre vous; vous êtes en effet un truchement, un interprête détestable. Vous vous appésantissez sur tout; vous revenez cent fois à la charge, & vous repétez cent fois les mêmes choses avec la même pesanteur, la même amertume, & le même ennui.

En un mot, si l'esprit avec toute sa suite....

Quel vers ! quelle platitude ! *toute la suite*, tout le cortege de l'esprit : Comme cela est joli ! comme cela est charmant ! quelle façon nouvelle de s'exprimer ! Il faut renvoyer ce vers burlesque avec *le grand dépôt de lumière profonde* : je crains cependant que l'obscurité ne régne encore malgré cette *profonde lumière*.

Dans le vers qui suit vous peignez admirablement votre style.

Et le fatras pompeux monté sur les grands mots.

Je me hâte d'arriver à la fin de votre *Épître* fastidieuse : je saute deux pages & demie, pleines de mensonges & de contradictions, & je finis enfin par vos deux derniers vers :

Apprens à respecter tes maîtres au tombeau,
Et que, tout mort qu'il est, il faut craindre Boileau.

Insipide gasconnade ! il faut cependant avouer que vous aviez pris la voie la plus courte pour rendre Boileau rédoutable, en lui faisant débiter des injures & des invectives; en lançant sous son nom les pointes tranchantes de la malignité; en vomissant des calomnies, des abominations; en négligeant les premiers principes de la politesse & de l'honnêteté ; en insultant amérement une Académie, dont Boileau lui-même fut un des principaux ornemens. Pardonnez, Monsieur, à ma franchise, elle peut vous devenir utile par la suite : consultez des amis sages & prudens, ils tempereront un peu cette ardeur de mordre & de médire. Repellez-vous ce vers que vous mettez dans la bouche de Boileau :

J'aimai la liberté, j'abhorrai la licence.

Voilà ma vraie façon de penser : méditez bien ce vers, & vous conviendrez de tous vos torts: détestez, & désavouez sincérement cette *Épître* de Boileau à M. D. V. elle ne fait honneur ni à vos talens, ni à votre cœur; elle aigrit, elle révolte tous les honnêtes gens contre vous.

(*Quid enim est, quod te jam in hâc urbe delectare possit? in quâ nemo est, qui te non metuat: nemo qui non oderit.* Cic.)

(*Et malè formatos incudi reddere versus.*)
Horat. art. Poët.

Es-tu donc de complot avec ces beaux esprits?....
Ce triste Auteur pourtant, dans ses tristes saisons....
Se promet bien dans peu, d'être ton *légataire*....
On te verra, pour eux quoique à médire enclin,
Complaisant & discret, applaudir *même à Blin*.
Tu voulois *déchirer* la couronne *superbe*....
De l'autre pour Perrault, tu dressois des autels....
Et ce Temple, *qu'un jour ton goût avoit* construit,
Vis *installer* Lamotte & Malherbe *é conduit*. (1)
Dans ce nombre *effrayant d'Auteurs*, dont les écrits
Menaçent, *chaque jour*, de *noyer* tout Paris. (2)
Et vont, par *des torrens de faux goût, d'ignorance*,
Dans une nuit barbare ensevelir la France,
A qui de ta satyre *as-tu* lancé les traits.
A ceux qui, du bon *sens vengeant les intérêts*,
Tâchoient de rappeller sur leurs *traces fidelles*
Le vrai goût *délaissé* pour des *honteux modèles*....
Et de qui le génie encor *ferme* aujourd'hui....
De tous ceux dont la gloire irrite ton courroux,
Et fait darder contre eux ton aiguillon *jaloux*.

---

(1) Outre la dureté de ce vers, il me paroît qu'il y a une faute de syntaxe, *installer éconduit* : je ne propose ma réflexion que comme un simple doute.

(2) L'Auteur a voulu mettre vraisemblablement *inonder*, au lieu de *noyer*. Mais que signifient des *torrens de faux-goût & d'ignorance, qui vont ensevelir*, la France *dans une nuit barbare*. Des torrens qui ensevelissent dans une nuit barbare. Il faut un nouvel Œdipe pour deviner ces énigmes.

(24)

Va, *dans les carrefours*, *sous les treteaux des halles*,
Ramasser un vil tas d'injures triviales,
De sales quolibets, *& de plates horreurs*,
Que vomit la canaille en ses basses fureurs. (1)
Épuiser tout le sac de tes boufonneries....
Ameuter contre lui, *ce furieux troupeau*....
Aux femmes, *aux enfans*, *de maison en maison*....
Où l'esprit arrêté par un charme fidelle....
Du faux goût, *à ton siécle*, *ont fait prendre la trace*....
Dont ton pinceau *léger fait masquer leur laideur*....
Adieu : *car aussi bien* je vois, à ce langage,
Dans tes yeux *pétillans* étinceler la rage.
Sous couleur d'illustrer Corneille *& sa mémoire*....
Rare & digne soutien d'une illustre origine....
L'éloquent Genevois de ta dent acharnée....
Tu fais arme de tout. L'infame calomnie
Te soufle son poison, & devient ton génie. (2)
Et ta voix entonnant sa louange en grands vers....
Non point qu'en sa faveur l'amitié t'en impose....
Mais veux-tu qu'un moment dissipant la fumée
Dont l'encens des flateurs grossit ta renommée. (3)

―――――――――

(1) Peut-on employer ces expressions, lorsque l'on ne permet pas à M. Delile de faire entrer dans ses vers les termes techniques ? Quelle inconséquence, ou quel oubli dans M. Clément.

Plus enclin à blâmer, que savant à bien faire.
Boileau.

(2) Les personnes impartiales savent apprécier à leur juste valeur ces deux vers sublimes
(3) Malgré tous mes efforts je ne puis comprendre clairement le sens de ces vers. J'entrevois, je devine, à peu

L'art

L'art de tout effleurer fans approfondir *rien*....
Le clinquant *merveilleux* pour éblouir les fots,
Et le fatras *pompeux* monté fur les grands mots.
Chaque genre n'a plus rien à foi que le nom.... (1)
Ravaler à deffein le rival de Racine ;
Prêt à mettre à tes pieds Racine & fon *rival.*
On rabaiffe à tes pieds de fublimes efprits.... (2)
Et de *lambeaux* fans fuite & fans ordre *enchaînés*....
Ne fe trouve en *lambeaux*, *par-tout* dans tes ouvrages....
&c. &c. &c. &c. &c. &c. &c.

---

près, ce que l'Auteur veut dire : mais rien de plus embrouillé, de plus obfcur, & en même-tems de plus emphatique que cet endroit. Quel bourreau que ce M. Clément, de faire parler Boileau d'une maniere fi peu intelligible !

(1) Voici un précepte de Boileau que M. Clément n'a pas obfervé, ou qu'il a négligé fimplement pour fe mettre au-deffus des régles.

Que toujours dans vos vers, le fens coupant les mots,
Sufpende l'hémiftiche, en marque le repos.

(2) Ces trois vers font remplis de miférables jeux de mots, de plates antithéfes: ô Boileau, quel langage ! quelle poéfie ! la plume me tombe des mains.

FIN.

www.ingramcontent.com/pod-product-compliance
Lightning Source LLC
Chambersburg PA
CBHW060540050426
42451CB00011B/1790